Martina Dannheimer

1 Tag in London –
Martinas Kurztrip zu Buckingham Palace,
Big Ben und Harrods

Bibliografische Information der Deutschen Nationalbibliothek:

Die Deutsche Nationalbibliothek verzeichnet diese Publikation in der Deutschen Nationalbib-
liografie; detaillierte bibliografische Daten sind im Internet über http://dnb.d-nb.de abrufbar.

Impressum:

Lektorat: Caroline Schnitzer, Peter Schmid-Meil

Copyright © 2013 GRIN & Travel

Ein Imprint der GRIN Verlag GmbH

travel.grin.com

Die Lust an Städtereisen

„Nicht nur lange Reisen machen Spaß", das ist das Motto, nach dem ich lebe und mit dem ich meine Reiselust stille. Mit meinen Berichten „1 Tag in …" möchte ich zu Kurztrips inspirieren, aufzeigen, was man alles an einem Tag erleben kann, oder einfach nur unterhalten. Hier gibt es jede Menge Tipps und Karten zum Nachmachen für alle, die wenig Zeit zum Reisen haben, oder deren Geldbeutel – wie meiner – nicht endlos gefüllt ist.

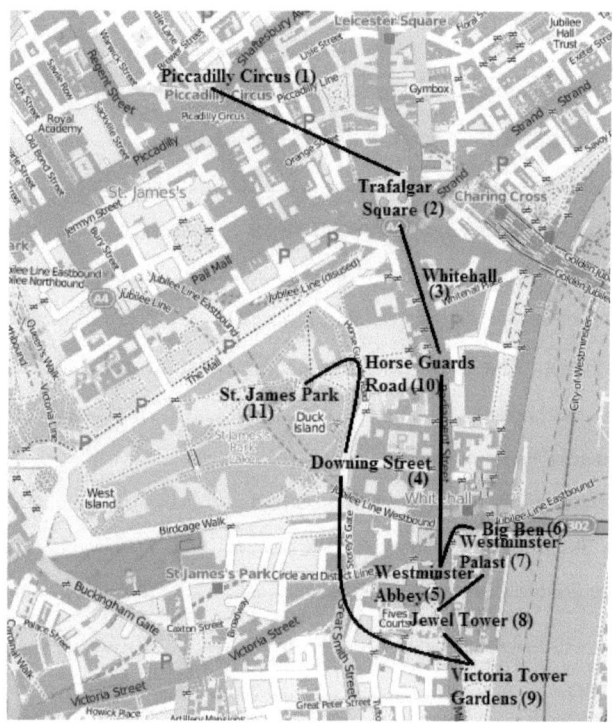

London-Route Teil 1. Quelle: OpenStreetMap und Mitwirkende, CC BY-SA

Entscheidungen zu treffen, ist schwer

Die Tube-Fahrt von Heathrow ins Londoner Citycenter dauerte rund 50 Minuten – das kam mir gerade recht. Somit blieb mir wenigstens ein bisschen Puffer für meine Entscheidung, was ich in welcher Reihenfolge anschauen wollte. Ich hatte zwar zwei Monate Zeit gehabt, um mich auf mein Sightseeing vorzubereiten, doch an diesem

Wintertag wusste ich trotzdem noch nicht, was ich mir alles anschauen sollte – typisch. Die Auswahl war einfach riesig und ein einziger Tag ist schon sehr wenig Zeit für diese Stadt. Ich wollte schon einen Penny werfen, wählte dann aber spontan den Piccadilly Circus (1) als Ausstieg. Geografisch gesehen ist der einem Kreisverkehr ähnelnde Platz nicht das Zentrum der Stadt, ein Mittelpunkt ist er dennoch. Zumindest münden dort die Regent Street, die Lower Regent Street, die Piccadilly, die Coventry Street, die Shaftesbury Avenue, der Haymarket und das kleine Sträßchen Glasshouse Street.

Ankunft am Piccadilly Circus

Bei meiner Ankunft musste ich erst einmal tief durchatmen. Selbst wenn die Luftqualität nicht die beste war, roch es für mich nach „Heilklima". Ich liebe London einfach!

Leider war der Erosbrunnen kaum sichtbar, da irgendwelche Bautafeln das Herzstück des Piccadilly Circus verdeckten. Egal, ich schnappte mir dann eben die weltberühmte Leuchtreklame als Fotomotiv. Da mir an diesem Dezembertag fast die Finger einfroren, musste das Fotografieren schnell gehen; das Marschieren ebenfalls. Daher stand ich schon gefühlte zehn Minuten später am Trafalgar Square (2). Seit 1830 trägt der zentrale Platz offiziell diesen Namen. Oft finden Veranstaltungen oder Demonstrationen statt, in der Adventszeit steht hier ein riesiger Weihnachtsbaum.

Die weltberühmte Leuchtreklame am Piccadilly Circus

5

Schnell zum Trafalgar Square

Am Trafalgar Square hatte ich freie Sicht und bestaunte die National Gallery, die beiden Brunnen, die wuchtigen Löwen und selbstverständlich die Nelsonsäule. Leider hatte ich meine Sonnenbrille vergessen, deshalb blendete mich die Sonne beim Blick nach oben enorm. Aber das war kein Grund zum Schimpfen, ganz im Gegenteil: London im Dezember und keine Wolke am Himmel, einfach toll!

Die Nelsonsäule amTrafalgar Square

Obwohl ich um 3.50 Uhr aufgestanden war, trat ich voller Energie meinen Marsch über die Whitehall (3) an. Die Straße im Stadtbezirk Westminster beherbergt die politische Macht Londons. Vor dem Horse Guards-Gebäude standen wie immer zwei Herren hoch zu Ross. Meine Güte, wie oft sie wohl pro Tag fotografiert wurden? Vermutlich geht ihnen das tierisch auf den Senkel, trotzdem tat ich es den anderen gleich: Ein Foto mehr oder weniger war schließlich auch schon egal.

Beliebte Fotomotive: Reiter vor dem Horse Guards-Gebäude auf der Whitehall

Auf dem Weg zu den Highlights

An der Kreuzung zur Downing Street (4), einer Sackgasse, in der der britische Premierminister zu Hause ist, fiel mir eine Menschenansammlung auf – Touristen, Sicherheitspersonal und Fotografen. Vermutlich würde hier gleich die Prominenz aufmarschieren. Als nach 15 Minuten noch kein VIP in Sicht war, riss mein Geduldsfaden. Ich war ja nicht nach London geflogen, um zu warten.

Westminster Abbey, Big Ben, Westminster-Palast

Viel lieber inspizierte ich ein paar Meter weiter die Westminster Abbey (5), Big Ben (6), den Westminster-Palast (7) und den Jewel Tower („Juwelen-Turm") (8).

Hier werden die Könige von England gekrönt: Westminster Abbey

Immer wieder imposant: – Der Uhrturm des
Westminster-Palastes, besser bekannt als Big Ben.

Wie viele gigantische Bauten hier auf einem Haufen stehen, ist einfach überwältigend. Ich gönnte mir ein kleines Päuschen im Victoria Tower Gardens (9), der wunderschön zwischen dem Westminster-Palast und der Lambeth Bridge liegt, und blickte verträumt auf die Themse. Jetzt bitteschön die Zeit anhalten. Da selbige aber leider rannte, tat ich es auch. Ein bisschen zumindest. Über die Horse Guards Road (10) führte meine Wegstrecke zurück zum St. James's Park (11), einem der königlichen Parks in London. Neben strahlendem Sonnenschein genoss ich die dortige Begegnung mit Eichhörnchen und Pelikanen. Jeden Tag zwischen 14.30 und 15 Uhr kann man sogar bei der Fütterung zuschauen.

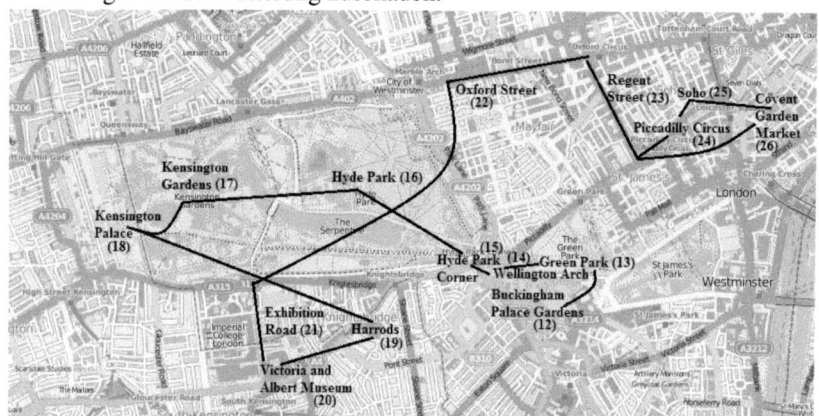

London-Route Teil 2. Quelle: OpenStreetMap und Mitwirkende, CC BY-SA

Buckingham Palace und Buckingham Palace Gardens

Fast nahtlos geht die eine Naturoase in die nächste über. Ich passierte die Buckingham Palace Gardens (12), sozusagen den Haus- und Hofgarten von Elizabeth II. Betreten durfte ich ihn zwar nicht, aber mir war das egal, die royale Luft konnte ich trotzdem schon schnuppern. Und schon stand ich vis-à-vis des Buckingham Palace. Zwar bin ich kein frenetischer Fan von Kate, Queen & Co., aber so ein bisschen verzückte mich diese Sippschaft doch – und weitere gefühlte 10.000 Menschen anscheinend ebenfalls, denn rund um die königlichen Mauern hatte sich ein riesiger Menschenauflauf gebildet. Das passte mir zwar nicht wirklich, wunderte mich aber auch nicht: Gleich war es 11.30 Uhr und Zeit für „Changing of the Guard", den königlichen Wachwechsel. Selbiger findet im Sommer fast täglich statt (genaue Termine unter http://www.royal.gov.uk/RoyalEventsandCeremonies/Changingthe Guard/Overview.aspx). Ich tingelte zwischen den anderen Touristen hindurch und konnte immer mal wieder durch die Gitterstäbe schauen. Sehr feierlich, diese Zeremonie. Immer wieder warf ich einen Blick auf den Balkon in der Mitte des Palastes und stellte mir vor, wie William hier seine Holde küsste – sooo romantisch. Ob ich vielleicht doch Prinzessin sein möchte?

Menschenmassen vor dem Buckingham Palace

„Hey Guys, go ahead, go. Gooooo!". Äußerst ernüchternd scheuchten mich die Sicherheitsleute zur Seite, vor der Hofeinfahrt durfte man schließlich nicht stehenbleiben. Da ich den königlichen Wachwechsel nun mehr oder minder vollständig gesehen hatte, entschloss ich mich zum Weitergehen.

Noch mehr Natur – Hyde Park

Ich schlenderte durch den Green Park (13), passierte den Wellington Arch-Torbogen (14) und stand kurz darauf an der Hyde Park Corner (15). Da sich dort nicht bloß ein Eingang zum Hyde Park (16) befindet, sondern ebenfalls das Winter Wonderland, nutzte ich die Gunst der Stunde und probierte einen köstlichen Nutella-Crêpe an einem der Stände. Mampfend schaute ich mir ein paar Buden des britischen Weihnachtsmarktes inklusive Bavarian Village an und frönte schließlich der grünen Lunge Londons. Der Hyde Park ist 1,4 km² groß und einfach wunderschön.

Entspannen im Hyde Park

London finde ich zwar überhaupt nicht hektisch oder anstrengend, doch das typische Großstadtgewühl gibt es natürlich auch. Somit eignete sich ein Bummel durch den berühmten Stadtpark bestens zum Entspannen. Als ich dann auf einem der vielen Schilder Diana Memorial Fountain („Prinzessin-Diana-Gedenkbrunnen") las, folgte ich artig. Der Gedenkbrunnen der Princess of Wales ist eine Art kreisförmiger Fluss, an dem man entlangspazieren kann. Dass der Brunnen begehbar ist, soll an Dianas Nähe zum Volk erinnern.

Diana Memorial Fountain

Am Kensington Palace

Als wäre der Hyde Park nicht schon groß genug, geht er an der Westseite am Ende des Serpentine-Sees nahtlos in die Kensington Gardens (17) über, die ebenfalls zu den acht royalen Parks zählen. Ein Highlight dort ist zweifelsfrei das Albert Memorial, das an den Ehemann der Königin Victoria erinnert.

Lichtspiel in den Kensington Gardens

Jetzt aber auf zum Kensington Palace (18), dem Wohnsitz von Kate und William. Ein kurzer Blick in meinen klappbaren Handtaschenspiegel: Die Frisur saß – einigermaßen. Man konnte ja nie wissen, wem man so alles begegnen würde. Als ich mich gemeinsam mit einem Pulk von Menschen um den Palast schlich, war ich wieder geerdet. Am Gebäude fanden gerade Renovierungsarbeiten statt, vom königlichen Enkel weit und breit keine Spur. Trotzdem genoss ich meinen Besuch. Ich flanierte durch den Garten, warf einen Blick in die Ausstellung der königlichen Gewänder und entschied, dass ich erst einmal genug Schlösser, Gärten und Parks gesehen hatte. Jetzt wollte ICH mich wie eine Königin fühlen, zumindest wie eine Shopping-Queen.

Royales Ambiente: Kensington Palace

Genug von Königshäusern, ab zum Shopping

Großeinkauf in Harrods?

Ich fuhr ein Stückchen mit dem Doppeldeckerbus und da ich oben saß, spürte ich schon die ersten majestätischen Emotionen. Diese verstärkten sich ungemein, als ich vor DEM Einkaufspalast stand: Harrods (19). Die exklusive Ware wird in dem weltberühmten Kaufhaus auf ganzen sieben Etagen und 333 Abteilungen verkauft. Bereits von außen beeindruckte mich das Gebäude und das ist noch untertrieben. Ich verfiel in Schnappatmung und musste dringend ins Innere des berühmtesten Konsumtempels in ganz England! Die Euphorie wurde kurzzeitig von einem Sicherheitsmitarbeiter unterbrochen: Meinen Rucksack müsste ich in der Hand oder vor dem Körper tragen, so die Anweisung. Ich war zwar „not amused", aber doch gleich wieder komplett im Shopping-Fieber. In Harrods einen Großeinkauf zu machen, war aus Budgetgründen ausgeschlossen. Aber alleine die Fahrt mit den Rolltreppen oder das Bummeln durch die vielen Abteilungen waren unschlagbar.

Schon von außen beeindruckend – Harrods

In ein paar bezahlbarere Läden „musste" ich später noch gehen. Vorab verordnete ich mir allerdings ein bisschen Kultur. Ich bin zwar eher ein Banause in dieser Hinsicht, doch das Victoria and Albert Museum (20) lag quasi um die Ecke. Und immerhin zählt dieses Museum zu den bedeutendsten von ganz London. Hier dreht sich alles um Kunst und Design – Kostbarkeiten aus Keramik, Glas & Co begeistern die Besucher genauso wie Schmuck und Klamotten. Da ich kein großer Museumsfan bin, setzte ich meinen London-Bummel aber bald im Freien fort. Ich schlenderte die

Exhibition Road (21) entlang, bestaunte die prunkvollen Bauwerke und beschloss, dass jetzt mein Geldbeutel gefordert war.

Der Eingang des Victoria & Albert Museums

Hemmungsloses Shoppen auf der Oxford Street

Nach London zu reisen, kann ja viele Gründe haben – unendlich viele. Alleine das Flair rechtfertigt den Trip in die britische Hauptstadt. Ein besonders wichtiger Bestandteil ist dabei das Shoppen – zumindest für mich. Ich gönnte es mir, mich dieser großen Leidenschaft hemmungslos hinzugeben. Auf der Oxford Street (22) reiht sich ein Geschäft an das nächste. Es dauerte nicht lange und ich stand mit einem Klamottenberg auf dem Arm vor einer Umkleidekabine – und somit vor meiner ersten großen Herausforderung: Die freundliche Verkäuferin wies mich darauf hin, dass ich nur acht Teile mitnehmen dürfe, nicht zehn. Normalerweise gerate ich erst NACH der Anprobe in Entscheidungsnöte. Na gut, schweren Herzens trennte ich mich von den beiden Longsleeves in Grün und Rosa. Meine Ausbeute war dennoch fantastisch. Mit Shirt, Kleid und Midi-Rock kehrte ich 58 Minuten später wieder zurück auf die Straße. Selbstverständlich bedeutete der erfolgreiche Shopping-Exzess nicht das Ende meiner Aktivitäten. Ich besuchte ein paar weitere Geschäfte, wechselte schließlich auf die angrenzende Regent Street (23) und spazierte in Richtung Piccadilly Circus (24).

Shopping auf der Oxford Street

Ziemlich englisch – Souvenirs auf der Oxford Street

Das Szene- und Vergnügungsviertel Soho

„Soho" (25), schoss es mir durch den Kopf und ich bewegte ich mich schnurstracks ins nahe gelegene Szene- und Vergnügungsviertel. Soho ist einfach Kult, das Zuhause der Party- Sex- und Medienindustrie. Meinen Magen interessierte das allerdings herzlich wenig. Lauthals brüllte er: „Huuuunger!" Somit musste ich mich entscheiden, was ich essen wollte. Wobei es in London nicht unbedingt die XXL-Auswahl an geschmacklichen Hochgenüssen gibt, die mir die Auswahl erschwert hätte. Vielmehr musste ich für mich klären, ob ich ein labbriges Sandwich oder lieber einen Salat verspeisen wollte. Ich wählte das Grünzeug und das schmeckte bei Pret a Manger sogar recht passabel. Da mich die Kalorienangaben nicht verängstigten, gönnte ich mir zusätzlich einen Cupcake mit Marzipan. Mir läuft das Wasser noch heute im Mund zusammen.

Das Zuhause der Party- Sex- und Medienindustrie – Soho

Markt-Gefühle in Covent Garden

Vorsorglich wollte ich dem eventuell ansetzenden Hüftspeck vorbeugen und raste förmlich in Richtung Covent Garden Market (26). Zu behaupten, ich wäre nur aus sportlichen Gründen so gerannt, wäre glatt gelogen. Der Covent Garden Market ist für mich ein unverzichtbarer Bestandteil eines London-Besuchs und ich wollte so schnell wie möglich hin. Ich liebe es, durch die vielen Stände zu schlendern, mir den geschätzt 25. Schal zu kaufen und mir (fast) das „I love London"-Shirt aufschwatzen zu lassen. Daneben sind es Künstler und Musiker, die dem Stadtteil Covent Garden diese außergewöhnliche Note verpassen. Auch der Rückweg vom Covent Garden Market zum Piccadilly Circus war ein Genuss. Die Cafés, Restaurants, Geschäfte, das Flair. Ich war auf Wolke 7.

Stimmung pur – Covent Garden Market

Ein Tag neigt sich dem Ende

Wie im Film – Notting Hill

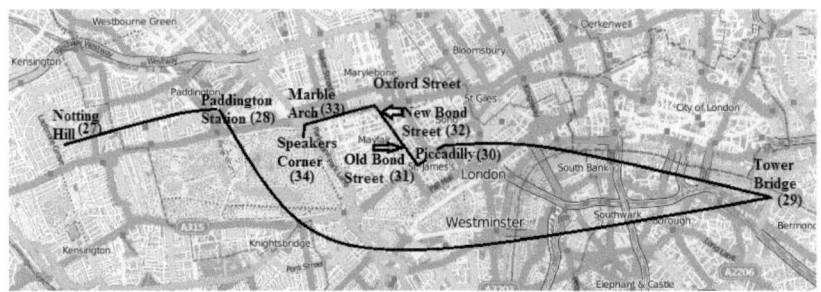

London-Route Teil 3. Quelle: OpenStreetMap und Mitwirkende, CC BY-SA

Weiter ging es mit der Underground in Richtung Notting Hill (27). Dort war ich noch nie gewesen und musste das dringend ändern. Allein schon, weil der gleichnamige Film mit Hugh Grant und Julia Roberts zu meinen liebsten Schmachtfetzen gehört. Als ich in Notting Hill angekommen war, genoss ich einen Cappuccino im Starbucks und tingelte durch die zauberhaften Gassen. Zunächst stachen mir die unzähligen Shops, Restaurants und Pubs ins Auge. Es wirkte irgendwie szenig, ein bisschen erinnerte es mich an Soho. Immer wieder musste ich stehen bleiben, um mich einfach nur umzusehen und ein Foto zu schießen. Als ich dann ein Stück weiterging, traf ich auf die noblen Villen und pompösen Häuschen, für die das Viertel so bekannt ist. Vor lauter Verzückung verirrte ich mich – zumindest wüsste ich nicht, an was es sonst gelegen haben sollte. Ich hatte mich ohnehin gewundert, dass mir das länger nicht mehr passiert war. Dank meiner Straßenkarte war ich aber schnell wieder in der Spur. Allerdings stand ich nun vor der Paddington Station (28), war also in eine völlig andere Richtung gegangen, als geplant. Was sollte es, es gab schließlich eine U-Bahn und die sollte mich bitteschön zur Tower Bridge (29) bringen.

16

In Notting Hill gibt es unzähligen Shops, Restaurants und Pubs

Eine interessante Begegnung

Anscheinend sah ich hilfsbedürftig aus: In so einem Zustand runzle ich ein bisschen die Stirn, kneife aufgrund meiner Kurzsichtigkeit die Augen zusammen und ich glaube, mein Mund ist leicht geöffnet. Auf jeden Fall sprach mich eine ältere Lady an und fragte mich, ob sie mir helfen könne „Of course", dachte ich. Ich erklärte, dass ich zur Station Tower Hill wollte. Sie möchten also die Tower Bridge besuchen? Uuh, ganz schön kalt, meinte die Dame in herrlichem britischem Englisch und stellte sich als Claire vor. „Clara", berichtigte sie schmunzelnd, nachdem ich mich als Martina aus Germany vorgestellt hatte. Sie wies mich an, ihr zu folgen, sie müsse in die gleiche Richtung. Schon saßen wir gemeinsam in der Underground und quatschten, als wären wir Oma und Enkelin. Hin und wieder korrigierte Clara mein Englisch. Etwa als ich erwähnte, dass es bei uns „much more colder" ist als in London, meinst sie nur, das sei Schulenglisch. Argh! Ich war wohl zu euphorisch, was meine Sprachkünste anging ...

Als ich Clara erzählte, dass ich in Hamburg wohne, berichtete sie mir von Bekannten aus dem Hunsrück. Sie selbst lebte seit mehreren Jahrzehnten in London. Sie liebte London. Das sagte sie und das spürte ich. Obwohl sie über die Underground schimpfte, weil es stets „crowded and confusing" sei. Ich dachte an die öffentlichen Verkehrsmittel in Deutschland und pflichtete ihr bei.

Clara zog ihren Stadtplan aus der Tasche. Dort zeigte sie mir, wie ich am besten von der Underground-Station Liverpool Street zur Tower Bridge gelangen konnte. Ich müsse zudem dringend zum Tower of London und Westminster Abbey. „Ach, wir haben so viele tolle Sachen, da kann man gar nicht alles anschauen", sagte Clara lachend. Ich war total begeistert von ihr. Wir unterhielten uns zudem über Plymouth, die Stadt, in der sich die königliche Marinewerft befindet. Sehenswert sei der Hafen und die Altstadt. Wie wir darauf gekommen sind? Keine Ahnung. Vielleicht weil ich von meiner Liebe zum Wasser und dem Hafen in Hamburg erzählte. Stundenlang hätte ich mit Clara durch London fahren können, ich genieße solche Bekanntschaften total. Als sie aussteigen musste, versicherten wir uns gegenseitig, wie sehr uns die Begegnung gefreut hat. Und Clara schenkte mir ihren Stadtplan – ein tolles Andenken.

Völlig überwältigt blieb ich erst einmal vor der Tower Bridge stehen. Majestätisch ragt sie über die Themse. Schließlich brauchte ich für die Wegstrecke von 244 Metern gefühlt eine Stunde. Ich konnte einfach nicht mehr als zwei Meter gehen, ohne mindestens drei Fotos zu schießen. Während ich in frenetischer Jubelstimmung über die kombinierte Klapp- und Hängebrücke schritt, wirkten die Autofahrer alles andere als „amused". Es war Rush-Hour und Stau. Oft geht in den Morgen- und Abendstunden gar nichts mehr. Will ein Schiff durchfahren, kommt der Verkehr ebenfalls zum Erliegen, weil die beiden mittleren Brückenteile hochgeklappt werden.

Erstmals konnte man die Straßenbrücke übrigens im Jahre 1894 überqueren. Ihren Namen erhielt sie dabei vom am Nordufer liegenden Tower of London.

Die Tower Bridge

Abends ist die Tower Bridge wunderschön beleuchtet.

Nur noch Schauen – Piccadilly und Bond Street

Es war später Nachmittag und meine Füße taten noch überhaupt nicht weh – gut so. Enthusiastisch marschierte ich auf der Piccadilly (30). Dass der Verkehr in Massen rollte, war zwar nicht gerade gemütlich, aber „so what", ich war ja nicht nur in London, um mich auszuruhen. Für mich war ein Städtetrip sowieso aktive Erholung pur.

Viel befahren – die Piccadilly.

Plötzlich tauchte ein Schild vor mir auf: Old Bond Street (31). Ich dankte dem Straßenschild für diesen göttlichen Hinweis und bog selbstverständlich sofort nach rechts ein. Leider konnte ich nicht erneut meiner Shoppingleidenschaft frönen, denn mein Geldbeutel war nicht groß, die Kreditkarte nicht golden genug. Naja, schauen hatte auch etwas für sich. Ehrfürchtig schaute ich in die edel geschmückten Schaufenster von Gucci, Prada, Louis Vuitton & Co. Sehr vorteilhaft, dass die Preisschilder meist fehlten.

Shopping-Tempel: The Royal Arcade in der Old Bond Street

Allies – eine Skulptur von Holofcener

Als ich von der Old in die New Bond Street (32) wechselte, steuerte ich auf eine Bank zu, eine kurze Pause war angebracht. Die beiden Herren, die schon dort saßen, rückten allerdings nicht zur Seite. Franklin D. Roosevelt und Winston Churchill sind nämlich Dauergäste und zwar als Skulptur von Lawrence Holofcener, auch betitelt als „Allies". Sie war ein Geschenk der Bond Street Association anlässlich des 50 jährigen Friedens seit dem Ende des zweiten Weltkriegs.

Allies: Zwei berühmte Herren auf der Bond Street

Zurück in der Oxford Street

Am Ende der Bond Street traf ich dann auf eine alte Bekannte, die Oxford Street. Ich setzte mir gedanklich Scheuklappen auf: Keine Shops mehr für heute. Denn so langsam näherte sich der Zeitpunkt des Abschiednehmens. Bevor ich mich in die

Underground gen Heathrow begab, inspizierte ich das Areal am Ende der Oxford Street. Absoluter Blickfang: der Torbogen Marble Arch (33). Dieser sollte eigentlich als Eingangstor zum Buckingham Palace fungieren. Daraus ist nichts geworden, und seit 1851 steht er nun am westlichen Ende der Oxfort Street. Majestätisch schritt ich hindurch, und durfte mich tatsächlich ein bisschen königlich fühlen. Einst war es nur Mitgliedern der royalen Familie gestattet, den Marmorbogen per Pedes oder Pferd zu durchqueren.

Der Torbogen Marble Arch

Fast schon mit Tränen in Augen blickte ich auf meine Uhr. Es wird Zeit, liebe Martina, flüsterte ich mir behutsam zu. Der Flieger wird nicht warten. Noch zehn Minuten, antwortete ich etwas gereizt. Warum muss alles Schöne immer so schnell vorbeigehen? Lieber führte ich mir nochmals die Schönheit des Hyde Parks zu Gemüte, gaffte erstaunt und fröstelnd ein paar Joggern in kurzen Hosen hinterher und warf einen Blick auf die Speaker's Corner (34). Hier darf jeder seine Meinung kundtun und unangemeldet eine Rede schwingen. Ich dachte noch: Vielleicht soll ich mich auch auf eine Obstkiste stellen und der Londoner Welt verkünden, wie sehr ich ihre Stadt liebe! Gut, dass ich dafür keine Zeit mehr hatte. Bye-bye London!

Statue am Hyde Park

Mein Fazit

London gehört zu meinen absoluten Lieblingsstädten! Dabei entfacht nicht ein bestimmtes Highlight meine Begeisterung, sondern das Komplettpaket. London ist voll, laut, quirlig und trotzdem nicht stressig. Es ist eine gewisse Selbstverständlichkeit, die mich in der Metropole an der Themse fasziniert. Mein Tipp: Nicht bloß von einer Sehenswürdigkeit zur nächsten fahren, auch wenn der rote Doppelstock ein Muss ist. Der Mix aus Weltstadt, Tradition, (Tee-)Kultur, vielen Grünflächen und den allgegenwärtigen Royals lässt sich am besten per Pedes erspüren.

Meine Bewertung:

Sightseeing:

Verkehrsmittel:

Essen & Trinken:

Shopping:

Links zu London

National Gallery: http://www.nationalgallery.org.uk/

Westminster Abbey: http://www.westminster-abbey.org/

Big Ben: http://www.parliament.uk/bigben

Westminster-Palast: http://www.parliament.uk/about/living-heritage/building/palace/

Jewel Tower: http://www.english-heritage.org.uk/daysout/properties/jewel-tower/

Victoria Tower Gardens: http://www.westminster.gov.uk/myparks/parks/victoria-tower-gardens-north/

St. James Park: http://www.royalparks.org.uk/parks/st-jamess-park

Termine Changing of the Guard: http://www.royal.gov.uk/RoyalEventsand Ceremonies/ChangingtheGuard/Overview.aspx

Winter Wonderland: http://www.hydeparkwinterwonderland.com/

Bavarian Village: http://www.bavarian-village.com/

Hyde Park: http://www.royalparks.org.uk/parks/hyde-park

Diana Memorial Fountain: http://www.royalparks.org.uk/parks/hyde-park/hyde-park-attractions/diana-memorial-fountain

Kensington Gardens: http://www.royalparks.org.uk/parks/kensington-gardens

Kensington Palace: http://www.hrp.org.uk/KensingtonPalace/

Harrods: http://www.harrods.com/

Victoria and Albert Museum: http://www.vam.ac.uk/

Pret a Manger: http://www.pret.com/

Covent Garden Market: http://www.coventgardenlondonuk.com/

Bildnachweis

Alle Bilder innerhalb dieses Buches stammen von:

•Martina Dannheimer

•OpenStreetMap und Mitwirkende, CC BY-SA

•jara3000: http://www.shutterstock.com/pic-132687290/stock-vector-high-heel-shoes-silhouette.html?src=csl_recent_image-1